# DIDON

## *TRAGEDIE.*

## EN MUSIQUE.

### REPRESENTE'E
### PAR L'ACADEMIE ROYALLE
### DE MUSIQUE.

### A PARIS,

Par CHRISTOPHE BALLARD, seul Imprimeur du Roy
pour la Musique, ruë Saint Jean de Beauvais,
au Mont-Parnasse.

### ET SE VEND

A la Porte de l'Academie Royalle de Musique,
ruë Saint Honoré.

### M. DC. XCIII.

*AVEC PRIVILEGE DV ROY.*

# ACTEURS

## DU PROLOGUE.

**M**ARS.

LA RENOMME'E.

*Suite de Mars.*

*Suite de la Renommée.*

VENUS.

*Suite de Venus.*

# PROLOGUE.

Le Theatre represente le Palais
de Mars.

## SCENE PREMIERE.

### MARS, LA RENOMME'E.

Suite de Mars. Suite de la Renommée.

### MARS.

*OUBLIEZ les Exploits nouveaux*
*Du Vainqueur de la Terre,*
*Plus d'ennemis luy declarent la Guerre,*
*Et plus ses triomphes sont beaux.*
*C'est la seule clemence*
*Qui peut désarmer sa vengeance,*
*Il a vaincu mille Peuples divers*
*Si ses desirs égalloient sa puissance,*
*Il rangeroit tout l'Univers*
*Sous son obeïssance.*                    A ij

# PROLOGUE.
## LE CHOEUR.

*Chantons tous ses fameux Exploits*
*Trompettes & Tambours répondez à nos voix.*

## LA RENOMME'E.

*Dans les Siecles passez je publiois la gloire*
*De tous les fameux conquerans,*
*Cependant j'avois des momens*
*Qui n'estoient pas marquez par la Victoire.*
*Mais depuis que le Ciel a donné ce Heros*
*J'ay toûjours trop à dire,*
*Il ne prend jamais de repos*
*Pour luy seul je ne puis suffire.*

*Je volle en tous lieux*
*Je parle sans cesse,*
*Pour annoncer ses Exploits glorieux*
*Mais c'est en vain que je me presse.*
*De sa valeur le trop rapide cours*
*Me devance toûjours,*
*Et lorsqu'avec un soin fidelle*
*J'apprens à l'Univers ce qu'il fait d'éclatant.*
*Il se couronne au mesme instant*
*D'une gloire nouvelle.*

## LE CHOEUR.

*Chantons tous ses fameux Exploits*
*Trompettes & Tambours répondez à nos voix.*

# PROLOGUE.
## MARS.

Qu'on entende le bruit & le fracas des armes
La Gloire a pour luy mille charmes,
Haſtez-vous d'élever un trophée à l'honneur
De ce redoutable Vainqueur.

# SCENE DEUXIE'ME.
## MARS, LA RENOMME'E, VENUS.

Suite de Mars. Suite de la Renommée.
Suite de Venus.

## VENUS.

CE bruit de guerre m'épouvante
En ferez-vous toujours vos plus charmans concerts,
Rendez le calme à l'Univers,
Puiſque la France eſt triomphante.
Impitoyable Mars laiſſez regner la Paix
Quel bien pour moy peut avoir plus d'attraits.
Sans elle je ne puis rétablir mon Empire,
En vain l'Amour promet mille douceurs
Ce n'eſt plus pour luy qu'on ſoupire
La Gloire occupe tous les cœurs.

## MARS.

Ne vous plaignez point de la Gloire,
Le Heros qu'elle ſuit au milieu des combats
Commande à la Victoire;

# PROLOGUE.

*Malgré la guerre un repos plein d'appas*
*Regne dans ces heureux climats,*
*Vous trouverez de doux aziles*
*Pour les amours & les plaisirs,*
*Et de jeunes cœurs inutiles,*
*Qui se rendront toujours au gré de vos desirs.*

## MARS, VENUS ET LA RENOMME'E.

*Accordez-vous Tymballes & Trompettes,*
*Avec le doux son des Musettes,*
*Qu'on entende tour à tour*
*Des chants de victoire & d'amour.*

Le Chœur repete ces derniers Vers.

## CHOEUR DE NYMPHES.

*Dans le bonheur qui nous enchante*
*Pourrions nous ne pas aymer?*
*Ah! qu'une ame contente*
*Est facile à charmer.*
*Quand on fait son unique affaire*
*Des Ris, des Jeux & des Plaisirs,*
*Le tendre Amour ne tarde guere*
*De faire sentir ses desirs.*

*N'esperez pas fiere sagesse*
*De pouvoir garder nos cœurs,*
*De l'aymable jeunesse*
*Nous goûtons les douceurs,*

Quand on fait son unique affaire
Des Ris, des Jeux & des Plaisirs,
Le tendre Amour ne tarde guere
De faire sentir ses desirs.

### UNE NYMPHE.

Dans ces lieux que l'amour a d'attraits
Nous allons au devant de ses traits,
Et jamais
Nos cœurs satisfaits
N'ont poußé de regrets :
Ne craignez point ses coups,
Il sont doux
Jeunes cœurs rendez-vous
Chacun à son tour,
Doit se rendre à l'Amour.
Qui se livre à ce Dieu si charmant
S'épargne du tourment,
Haftez-vous de former de beaux nœuds
Ah! qu'on est heureux
Quand on est amoureux.
Langueurs, transports, desirs,
Source de plaisirs,
Aymables ardeurs,
Enchantez tous les cœurs.

### MARS.

Jeux innocens prenez de nouveaux charmes,
A l'abry des Lauriers

# PROLOGUE.

*Du plus grand des Guerriers.*
*Aprés avoir chanté le bonheur de ſes armes*
*Faites revivre en ſon auguſte Cour,*
*De Didon la fameuſe hiſtoire*
*Et montrez que la Gloire*
*Dans les grands cœurs l'emporte ſur l'Amour.*

## LE CHOEUR.

*Le vainqueur des vainqueurs a lancé ſon Tonnerre,*
*Tout tremble, tout reçoit ſes loix,*
*On le voit triompher ſur les eaux, ſur la terre,*
*Publions à jamais tant de fameux Exploits.*

## FIN DU PROLOGUE.

ACTEURS

# ACTEURS
## DE LA TRAGEDIE.

**DIDON**, *Reyne de Carthage, veuve de Sichée.*

**ANNE**, *Sœur de Didon.*

**ENE'E**, *fils de Venus Prince Troyen, Amant de Didon.*

**IARBE**, *Roy de Getulie, fils de Jupiter, amoureux de Didon.*

**ARCAS**, *confident d'Iarbe.*

**ACATE**, *confident d'Enée.*

**BARCE'**, *confidente de Didon.*

*Troupe de Carthaginois.*

**JUPITER.**

*Troupe de Faunes.*

*Troupe de Driades.*

**VENUS.**

**UNE MAGICIENNE.**

*Troupe de Demons.*

B

*Troupe de Furies.*

*Troupe d'Esprits Aëriens transformez en Amours.*

LES JEUX.

LES PLAISIRS.

MERCURE.

L'OMBRE DE SICHE'E.

*La Scene est à Carthage.*

# DIDON,

## *TRAGEDIE.*

## ACTE PREMIER.

Le Theatre represente le Palais
de Didon.

## SCENE PREMIERE.

### DIDON seule.

Qui pourroit me causer le trouble qui m'a-
gite
Dans un jour destiné pour les Jeux les
plus doux?
Junon approuve ma conduite,
Du plus grand des Heros je me fais un Epoux ;

*J'ay fait un pompeux Sacrifice*
*Pour me rendre le Ciel propice,*
*Que puis-je avoir à redouter ?*
*Est-ce encor mon perfide frere,*
*Est-ce Iarbe dont la colere*
*Pourroit enfin éclater ?*

*J'ay méprisé ses feux & sa constance,*
*Sans luy je n'aurois pas un azile en ces lieux*
*Ah! quels seront ses transports furieux*
*De voir qu'un étranger ait eu la preference ?*

*Mais pourquoy m'allarmer ? tout me sera soûmis,*
*En épousant Enée, aû moins j'ay lieu d'attendre*
*Que sa valeur sçaura bien me deffendre*
*Contre mes plus fiers ennemis.*

# SCENE SECONDE.

## DIDON, ANNE.

### ANNE.

*CHarmante Reine, enfin voicy cet heureux jour*
*Où nous verrons l'Hymen d'accord avec l'A-*
*mour ;*
*Qu'elle gloire pour vous que ces Dieux soient en-*
*semble !*

*Ils paroiſſoient ennemis ſans retour,*
*Et voſtre beauté les raſſemble.*

*Eſt-il un ſort plus doux ?*
*Voſtre ardeur eſt extrême,*
*Le Heros qui vous ayme*
*Veut eſtre voſtre époux ;*
*Eſt-il un ſort plus doux ?*

## DIDON.

*Malgré le bon-heur qui m'enchante*
*Mon cœur ne peut goûter de tranquilles plaiſirs,*
*Du malheureux Sichée une image ſanglante*
*Vient chaque jour m'arracher des ſoupirs ;*
*Je ne puis vaincre ma foibleſſe,*
*Je crois le voir à tout moment*
*Me reprocher que j'avois fait ſerment*
*De luy conſerver ma tendreſſe.*

## ANNE.

*Je vous l'ay dit cent fois,*
*Ne craignez point d'eſtre infidelle*
*A ceux qui ſont dans la nuit eternelle,*
*D'un époux qui n'eſt plus on n'entend point la voix.*
*Ce n'eſt qu'une pure chimere,*
*Enée a ſceu vous plaire,*
*Il eſt du ſang des Dieux,*
*La mere d'Amour eſt ſa mere,*

*Vous luy donnez la main, pouvez-vous faire mieux?*

## DIDON.

*Vous m'avez conseillé d'abandonner mon ame*
*A ma naissante flâme,*
*De vos conseils j'ay suivy la douceur;*
*Mais j'ay fait encore d'avantage,*
*J'ay découvert à mon vainqueur*
*Que je partageois sa langueur.*

*Ce fut le jour de ce fatal orage*
*Qui nous surprit en chassant dans ces bois,*
*De Junon j'entendis la voix,*
*Elle nous fit entrer dans une grotte sombre,*
*Où nous ne craignions plus les vents impetueux;*
*Mais, helas! le silence & l'ombre*
*Pour des amans sont bien plus d'angereux;*
*Enée avoit trop de tendresse,*
*Je ne pus luy cacher le secret de mon cœur,*
*En presence de la Déesse*
*Nous nous sommes promis une éternelle ardeur.*

## ANNE.

*Il vient, & ses regards vont dissiper la crainte*
*Dont vostre ame est atteinte,*
*Je vais presser vostre bonheur,*
*Et finir vos allarmes*
*En pressant un Hymen si doux si plein de charmes.*

# SCENE TROISIE'ME.

## DIDON, ENE'E.

### ENE'E.

BElle Reine, ce jour qui doit me rendre heureux,
Fait languir mon cœur amoureux.
Je voudrois déja voir la fin de cette fête ;
Lorsqu'à la celebrer tout le peuple s'apprête,
Il retarde l'inſtant qui doit combler mes vœux.

### DIDON.

C'eſt peu pour vous de recevoir l'homage
Des peuples de Carthage ;
Ah ! que ne puis-je en vous donnant la main
De l'Univers entier vous rendre auſſi le maître !
Contentez-vous de meriter de l'être,
Le reſte dépend du Deſtin.

### ENE'E.

Pour les Grandeurs je ne ſuis point ſenſible,
Depuis que vous m'avez charmé,
Non, non, il ne m'eſt pas poſſible
De goûter de plaiſir que celuy d'eſtre aymé.

Aux douceurs d'une amour extrême
Il faut borner tous nos deſirs,

## DIDON,

*Ne nous occupons plus de la Grandeur suprême,*
*Goûtons en nous aimant de tranquiles plaisirs,*
*Aux douceurs d'une amour extrême,*
*Il faut borner tous nos desirs.*

### ENE'E & DIDON.

*Non, rien n'égale ma tendresse,*
*J'aime avec plus d'ardeur qu'on n'a jamais aimé*
*Mon amour m'occupe sans cesse,*
*De mille & mille feux mon cœur est consumé;*
*Non, rien n'égale ma tendresse,*
*J'aime avec plus d'ardeur qu'on n'a jamais aimé.*

### DIDON.

*Brûlerez-vous toujours d'une si belle flâme?*

### ENE'E.

*Seray-je toujours dans voftre ame?*

### DIDON.

*Rien ne sçauroit me dégager*
*Du nœud charmant qui nous lie.*

### ENE'E.

*Plûtoft que de changer*
*Je perdray la vie.*

### ENE'E & DIDON.

*Quand on aime tendrement*
*On n'est jamais sans allarmes,*
*Plus un amour a de charmes,*
*Et plus on craint un fatal changement:*
*Quand on aime tendrement*
*On n'est jamais sans allarmes.*

SCENE

# SCENE QUATRIE'ME.
## DIDON, ENE'E, ANNE.

### ANNE.

JE vous retrouve icy dans une paix profonde,
Vous estes enchantez d'un entretien trop doux,
  Si je ne revenois à vous
Vous pourriez oublier tout le reste du monde :
Des Sujets empressez arrivent dans ces lieux
  Pour vous marquer leur zele.
Chacun veut vous jurer qu'il vous sera fidele,
Venez, Prince, venez vous montrer à leurs yeux

# SCENE CINQUIE'ME.

## DIDON, ENE'E, ANNE, les Peuples de Carthage.

### UNE CARTHAGINOIE.

NOus venons rendre homage
  Au plus grand des Heros,
  Il assure le repos
  De l'heureuse Carthage ;
  Nous venons rendre homage
  Au plus Grand des Heros.

Le Chœur repete ces derniers Vers.

C

## UNE CARTHAGINOIE,

*Que cet Empire naiſſant,*
*Va devenir floriſſant,*
*Nous ne craindrons plus la rage*
*De nos ennemis jaloux,*
*Et nous aurons l'avantage*
*De braver leur vain courroux.*

Le Chœur repete ces derniers Vers.

## PETIT CHOEUR.

*Vivez heureux malgré l'envie,*
*Que jamais la jalouſie*
*Ne vienne icy troubler de ſi tendres amours;*
*Pour prolonger le cours*
*De vos beaux jours.*
*Nous aurions du plaiſir à donner noſtre vie.*

## UNE CARTHAGINOISE,

*Ayme d'une ardeur conſtante*
*Une Reyne ſi charmante,*
*Le bruit de voſtre bonheur*
*Fera mourir de douleur*
*Tous les Amans qui pouvoient y pretendre.*
*Son cœur a mépriſé tant d'illuſtres rivaux*
*Pour vous ſeul elle veut reprendre*
*Des liens nouveaux.*

## UN CARTHAGINOIS.

*Vous portez en aymant de douces chaînes,*
*L'Amour prévient tous vos desirs,*
*Sans avoir connu ses peines*
*Vous goutez ses plaisirs.*

## PETIT CHOEUR.

*Aymez, brillante jeunesse,*
*Imitez vostre aymable Princesse,*
*Abandonnez vos cœurs*
*A de tendres ardeurs.*

## UNE CARTHAGINOISE.

*Sans un Amant toujours tendre & sinceré*
*Les plus beaux de nos jours sont pour nous sans appas,*
*Les plaisirs ne touchent guere*
*Lorsque ceux de l'amour ne les animent pas.*

Le Chœur repete ces derniers Vers.

## PETIT CHOEUR.

*Pourquoy veut-on se deffendre*
*De ses doux enchantemens?*
*Que l'on perd d'heureux moments*
*Quand on n'a pas le cœur tendre!*

## SCENE SIXIE'ME.

### DIDON, ENE'E, ANNE, BARCE.

#### BARCE'.

REyne, vous ignorez qu'Iarbe est en ces lieux,
Que ses Vaisseaux sont au Port de Carthage.

#### ANNE.

N'attendez pas qu'il paroisse à vos yeux
Plein de dépit & de rage,
Au Temple de Junon, venez sans differer,
Pour vostre Himen j'ay tout fait preparer.

#### ENE'E.

Je crois que ma presence ailleurs est necessaire,
Mon Rival peut causer quelque soulevement,
Allez, belle Princesse, au Temple la premiere,
Je m'y rendray dans un moment.

## FIN DU PREMIER ACTE.

# ACTE SECOND.

Le Theatre change, & represente un
Bois, & dans l'enfoncement des Rochers,
d'où il tombe un Torrent.

## SCENE PREMIERE.
### IARBE, ARCAS.
#### IARBE.

EN vain mon cher Arcas, j'ay pressé
    mon départ,
Dans ces funestes lieux je suis venu trop
    tard,
Un noir pressentiment vient redoubler ma peine
Et m'assure qu'Enée est l'Epoux de la Reyne,
Va promptement t'éclaircir de mon sort?
Mon seul espoir est la mort.
#### ARCAS.
Je crains que cette solitude
Ne redouble l'excés de vostre inquietude.

### IARBE.

*Va, ne t'arreste point, dans l'estat où je suis,*
*Rien ne sçauroit augmenter mes ennuis.*

## SCENE SECONDE.
### IARBE seul.

*SOmbres Forests, Rochers inaccessibles,*
*Fier Torrent, que l'Hyver n'a jamais arresté,*
*A mes cruels malheurs, vous n'estes point sensibles,*
*Mais je ne me plains pas de vostre dureté*
*Augmentez, s'il se peut, les tourmens que j'endure,*
*Et vous tristes Oyseaux de malheureux augure*
*Par vos funestes cris annoncez mon trépas,*
*On m'enleve le cœur de la beauté que j'ayme,*
*Et dans mon desespoir extrême*
*Je mourois mille fois si je ne mourois pas.*

*Pourquoy mourir? Courons à la vengeance,*
*Il faut punir qui nous offence,*
*Cherchons ce Troyen trop heureux,*
*Le mépris qu'on fait de mes feux*
*Redouble encor le bonheur qui l'enchante.*
*Qu'elle honte pour moy? ma rage s'en augmente.*

*Vous qui regnez sur tous les autres Dieux,*
*Vous sçavez que Didon, errante, vagabonde,*
*Par mes bienfaits regne en ces lieux.*

Souffrirez-vous, puißant maiſtre du monde !
Qu'on paye tant d'amour d'un mépris odieux ?

Helas ! croira-t'on ſur la terre
Que je ſuis Fils du Dieu qui lance le tonnere,
Si l'on voit tant d'heureux mortels
Joüir en repos de leurs crimes
Au moment que je ſuis au pied de vos Autels
A vous offrir en vain d'innocentes victimes ?

## SCENE TROISIE'ME.

Jupiter paroiſt armé de la Foudre ſur un nuage.

### JUPITER, IARBE.

### JUPITER.

MOn Fils, ceſſe de t'affliger,
Je jure par le Stix que je vais te vanger
Si la Reyne de Carthage
Refuſe ta main & ton cœur,
Sois ſeur que ton Rival n'aura pas l'avantage
De triompher de ton malheur.
Et vous Divinitez de ce ſejour paiſible,
Faunes, Driades, venez tous
Calmez, s'il eſt poſſible,
Ses mouvemens jaloux,
Par vos chants les plus doux.

# SCENE QUATRIE'ME.

IARBE. Troupe de Faunes & de Driades.

## DEUX DRIADES.

*Dans la belle saison les fleurs & la verdure*
*Parent nos bois & nos champs.*
*Mais c'est l'Amour plûtost que le Printemps*
*Qui charme toute la nature.*
*Sans la douceur des amours*
*Tout languit dans les plus beaux jours.*

## LE CHOEUR.

*Aymons sans cesse*
*Changeons toujours*
*Une nouvelle tendresse*
*Pour réveiller les cœurs est d'un puissant secours,*
*Aymons sans cesse,*
*Changeons toujours.*

## VNE DRIADE.

*En amour c'est un avantage*
*De pouvoir estre inconstant.*
*Heureux un cœur qui se dégage*
*Quand il n'est pas content.*
*En amour c'est un avantage*
*De pouvoir estre inconstant.*

UN

## UN FAUNE.

*Nous goûtons les plaisirs les plus doux de la vie*
*Sans chagrin, sans jalousie,*
*Nous changeons chaque jour.*
*Il n'importe à l'Amour,*
*Il ne s'offence*
*Que de l'indiference.*

## UN FAUNE.

*Sans cesser d'estre amoureux*
*Nous cessons d'estre fideles,*
*Nous quittons des beautez cruelles*
*Pour former de plus doux nœuds,*
*Nous cessons d'estre fideles*
*Sans cesser d'estre amoureux.*

## LE CHOEUR.

*Aymons sans cesse*
*Changeons toûjours.*
*Une nouvelle tendresse*
*Pour réveiller les cœurs est d'un puissant secours.*
*Aymons sans cesse,*
*Changeons toûjours.*

## IARBE.

*Joüissez des plaisirs où l'Amour vous convie,*
*Trop heureuses Divinitez,*
*De ces lieux écartez*
*Laissez-moy dans ma rêverie,*

D

DIDON;

Retirez-vous, je suis trop malheureux
Pour prendre part à vos jeux.

# SCENE CINQUIE'ME.

## IARBE, ARCAS.

### ARCAS.

CE n'est pas sans raison que vostre ame allarmée
Par le bruit de la Renommée
Vous fait venir dans ces climats,
Tout parle de l'amour de Didon, & d'Enée;
Mais, grace au Ciel, il ne l'épouse pas;
Prest d'achever son himenée
Le Troyen part secretement,
Vostre amour qu'on méprise est vangé pleinement,

### IARBE.

Arcas, que me dis tu? peut-on croire sans peine
Un si grand changement?

### ARCAS.

C'est par l'ordre des Dieux qu'il quitte cette Reyne,

### IARBE.

Ah! si j'avois le bonheur d'être aimé,
Vainement contre moy le Ciel seroit armé,
Tout l'enfer mesme
Ne pourroit me contraindre à quitter ce que j'aime.

### ARCAS.

*Les Amans qui sont contens*
*Ne sont pas les plus constans.*

*Quand on est seur du cœur d'une Maistresse,*
*On tourne ailleurs ses desirs,*
*Ce ne sont pas toujours les plaisirs*
*Qui font durer la tendresse.*

*Quelqu'un tourne icy ces pas,*
*C'est un Troyen, je le vois à ses armes.*

### IARBE.

*Ciel! ne seroit-ce pas*
*Ce trop heureux Rival qui cause mes allarmes?*
*Je veux m'en éclaircir.*

### ARCAS.

*Il part, que faites vous?*

### IARBE.

*Je ne puis écouter que mon juste couroux.*

## SCENE SIXIE'ME.

### ENE'E, IARBE, ARCAS.

#### IARBE.

UN mouvement de jalousie
Me fait connoître en vous ce fortuné Troyen,
Ce raviſſeur d'un bien
Qui pouvoit faire un jour la douceur de ma vie.

#### ENE'E.

Ce mouvement jaloux
Me fait connoître en vous
Le Roy de Getulie.

J'ay vû Didon ſenſible à mon ardeur,
J'ay ſur vous cét avantage,
Le Ciel, jaloux de mon bonheur,
M'ordonne de quitter Carthage:
Je pars accablé de douleur,
Faut-il que vous portiez la chaîne
D'une charmante Reyne
Que je ne puis effacer de mon cœur!

#### IARBE.

Ne craignez-vous point ma vengeance?
Ignorez-vous, audacieux,
Que du Maître des Dieux
J'ay receu la naiſſance?

#### ENE'E.

Si Jupiter vous a donné le jour
Je l'ay receu de la mere d'Amour.

Didon me sera toujours chere,
Et sans le Ciel à mon amour contraire,
Avant la fin du jour je serois son époux
Malgré toute vostre colere.

#### IARBE.

Ah! c'est trop braver mon couroux...
Mais quel nuage l'environne?

# SCENE SEPTIE'ME.

## VENUS, IARBE, ARCAS.

### VENUS.

ARreste, Venus te l'ordonne.
Si tu n'a pas le secret de charmer
Contre mon Fils faut-il s'armer.

Ce n'est point aux Rivaux à qui l'on doit s'en prendre,
Quand on n'est pas aymé d'une ingrate beauté:
Pour la toucher on doit tout entreprendre,
Employer la constance, & la fidelité,
Les soins, les soupirs, & les larmes,
Sont les armes
Dont il faut se servir pour devenir heureux.

DIDON,

*Les soins, les soupirs, & les larmes,*
*Sont les armes*
*Qui vous font triompher dans l'empire amoureux.*

# SCENE HUITIE'ME.

## IARBE, ARCAS.

### IARBE.

*AH! Divinité cruelle,*
*Pourquoy nous separez-vous?*
*Quelle peine mortelle*
*Pour mon cœur jaloux!*
*Ah! Divinité cruelle,*
*Pourquoy nous separez-vous?*

### ARCAS.

*Vous estes trop vangé, il quitte ce qu'il ayme,*
*Didon va ressentir une douleur extrême.*

### IARBE.

*Allons joüir de ses regrets,*
*Je veux livrer son cœur au plus cruel supplice,*
*Luy reprocher son injustice*
*Et luy faire sentir les maux qu'elle m'a faits.*

## FIN DU SECOND ACTE.

# ACTE III.

Le Theatre change & represente une allée
d'Arbres, dont les branches se joignent
par le haut en forme de berceau, &
dans l'enfoncement une Grotte.

## SCENE PREMIERE.

### DIDON, UNE MAGICIENNE,

#### DIDON.

AH! quelle est mon inquietude
Au Temple de Junon je n'ay pû de-
  meurer,
Hâtez-vous de me tirer
De ma cruelle incertitude,
J'ay recours à vostre art & j'ay suivy vos pas
Pour voir vos plus affreux mysteres.

## DIDON;

### UNE MAGICIENNE.

Les Demons aujourd'huy font fourds à mes prieres
J'ay beau les invoquer ils ne m'entendent pas.

### DIDON.

Quoy pour augmenter mon martire
Mefme dans les Enfers n'a t'on rien à me dire.

Enée en vain je l'appelle cent fois
Il ne répond pas à ma voix,
Dans le temps que nos cœurs amoureux & fideles
Par l'himen le plus doux devroient fe voir unir,
Qui peut le retenir
J'en reffens des peines mortelles.

Malgré fon extrême valeur
De fon Rival je crains la rage,
Que peut le plus grand courage
Contre l'amour en fureur.

Mais ne feroit-il point volage,
Que deviendrais-je, helas! fi ce retardement
Eft l'effet de fon changement,
J'ay conté fur ton affiftance
Conjure de nouveau l'infernalle puiffance.

### UNE MAGICIENNE.

Redoublons nos efforts
Employons des charmes plus forts,
Invoquons Pluton mefme
Il connoift le tourment qu'on fouffre quand on aime

Puiffan

*Puiſſant Dieu des Enfers*
*Que l'Amour autrefois a tenu dans ſes fers,*
*Soyez touché des maux d'une Amante fidelle*
*Faites-luy ſçavoir promptement,*
*Par les noirs habitans de la nuit éternelle,*
*Ce qui retient ſon Amant.*

La Terre s'ouvre en pluſieurs endroits, il en
ſort des Demons & des Furies.

# SCENE SECONDE.

## DIDON, UNE MAGICIENNE.
Troupe de Demons. Troupe de Furies.

### UNE FURIE.

*Tu reverras bien-toſt Enée,*
*Tu paſſeras encor du plaiſir au tourment*
*Dans cette fatale journée,*
*Mais aprés un cruel moment*
*Tu joüiras d'une paiſible vie,*
*Qui ne ſera jamais ſujette au changement*
*Et qui n'aura plus rien à craindre de l'envie.*

CHOEUR des Habitans des Enfers.

*Dans nos gouffres affreux*
*Parmy les feux,*

E

*Les tourmens effroyables*
*Nous sommes moins miserables,*
*Qu'un cœur dans l'empire amoureux.*

*Dans les Enfers sans cesse on nous tourmente,*
*C'est un horrible sejour,*
*Mais nostre chaîne est encor moins pesante*
*Que la chaîne de l'amour,*
*La Fureur & la Rage*
*Sont nostre partage.*
*Nous n'aymons rien*
*C'est toujours un bien,*
*La Fureur & la Rage*
*Sont nostre partage,*
*Nous n'aymons rien*
*C'est toûjours un avantage.*

Les Demons & les Furies s'abiment.

# SCENE TROISIE'ME.

## DIDON, UNE MAGICIENNE.

### UNE MAGICIENNE.

*Tout répond à vos souhaits*
*L'Enfer a remply vostre attente*
*Dans ce jour vous serez contente,*
*Vous joüirez d'une paix*
*Qui ne finira jamais.*

## DIDON.

*Je ne me sens pas plus tranquille*
*Souvent les Demons sont trompeurs,*
*Ils ne sçauroient dissiper mes frayeurs,*
*Et ce n'est qu'à l'Amour qu'il peut estre facile*
*De rasseurer les tendres cœurs.*

*Tu ne viens point cher objet de ma flame*
*Rien ne peut égaller mon trouble & ma douleur,*
*Tout ce que l'Enfer a d'horreur*
*Est passe dans mon ame.*

## LA MAGICIENNE.

*J'ay besoin de vostre secours,*
*Venez, Demons des airs, hastez vous de paroistre,*
*Sous la figure des Amours*
*Faistes renaistre*
*Dans le cœur de Didon le plus charmant espoir.*
*Que la frayeur en soit banie*
*Par une douce armonie,*
*Hastez-vous de faire voir*
*De mes enchantemens le merveilleux pouvoir.*

La Magicienne se retire, le Ciel brille d'un nouvel éclat, l'on en voit sortir plusieurs petits Amours qui viennent dancer autour de Didon, en tenant des guirlandes de fleurs.

## SCENE QUATRIE'ME.

DIDON, Troupe d'Esprits Aeriens
transformez en Amours.
LES AMOURS.

$S$Ouvent vos craintes sont vaines
$T$endres cœurs consolez-vous,
Il n'est point de biens plus doux
Que ceux qui suivent les peines,
Souvent vos craintes sont vaines
Tendres cœurs consolez-vous.

Les Amours reprennent le chemin des Airs.

## SCENE CINQUIE'ME.

DIDON, ANNE.

DIDON.

JE vous revois, ma sœur, que venez-vous m'ap-
prendre.

ANNE.

Ah! Princesse trop tendre,
Faut-il vous accabler d'une vive douleur.

## DIDON.

Cruel Amour est-ce la ce bonheur
Que je devois attendre.

Parlez, je tremble de frayeur;
Ne reverrais-je plus le Heros que j'adore,
A-t'il perdu le jour.

## ANNE.

Son lâche cœur respire encore,
Tremblez, plûtost pour son amour.
Ce Prince volage
Se prepare à quitter Carthage,
C'est tout ce que j'ay pû sçavoir.

## DIDON.

Vous n'en dites que trop, ô! Ciel je suis trahie,
Ma sœur il y va de ma vie,
Cherchez, moy cet ingrat je veux du moins le voir,
Si l'excés de mon desespoir
Ne peut toucher son cœur perfide,
Je me vangeray sur le mien
De la legereté du sien.

## ANNE.

Ne suivez, pas le transport qui vous guide,
Vangez-vous d'un Ingrat qui vient de vous trahir,
Mais pour se bien vanger il ne faut pas mourir.

## DIDON,

*Il faut mourir pour un amant fidelle*
*Il faut mourir plûtoſt que de changer,*
*Mais pour un cœur qui veut ſe degager*
*Et qu'en vain l'on rapelle,*
*Il faut changer d'amour*
*Plûtoſt que de perdre le jour.*

## DIDON.

*Ne cherchez point de remede à ma peine,*
*S'il n'a point de tendre retour.*
*Ma mort ſera certaine*
*Ma chere ſœur preſſez vos pas*
*Sans luy je ne puis vivre,*
*Peignez-luy, s'il ſe peut, les horreurs du trépas*
*Où ſon inconſtance me livre.*

## ANNE.

*Ah! que ne puis-je adoucir vos ennuis,*
*Et vous rendre la paix que l'on vous a ravie.*

## DIDON.

*O Dieux! je vois le Roy de Getulie,*
*Je veux l'éviter ſi je puis.*

# SCENE SIXIE'ME.

## IARBE, DIDON.

### IARBE.

Vous me fuyez perfide Reyne,
Vous avez oublié ce que j'ay fait pour vous,
Ingratte inhumaine,
Ne craignez-vous point mon courroux.

Vous pleurez devant moy cruelle
Vous pleurez un volage amant,
Et voſtre cœur ingrat refuſe au plus fidelle
Un ſoupir ſeulement.

### IARBE & DIDON.

Ah! que je ſuis a plaindre
De ne pouvoir éteindre
Une lache ardeur,
Qui devore mon cœur;
Ah! que je ſuis à plaindre.

### DIDON.

Je rougis quand je penſe a ce que je vous doy,
Vous n'avez que trop fait pour moy
Mais la cruelle deſtinée
Ne rend pas voſtre ſort plus doux,
Et ſi ma raiſon eſt pour vous
Mon foible cœur eſt toûjours pour Enée.

### IARBE.

*C'en est fait le dépit vient de briser mes fers,*
*Je sors avec plaisir d'un funeste esclavage,*
*Et je ne me souviens des maux que j'ay soufferts*
    *Que pour vous haïr davantage.*

    *Ah ! que je me sens agité,*
*Malheureux j'ayme encor bien plus que je ne pense,*
    *Le seul garand de nostre liberté*
    *Est la tranquille indifference.*

    *Vaines fureurs, transports jaloux*
    *Helas ! de quoy me servez-vous,*
    *Je vous abandonnois mon ame*
    *Vous prometiez de me guerir,*
    *Et loin d'éteindre ma flâme*
    *C'est elle qui vous fait mourir.*

### DIDON & HIARBE.

*Chassez de vostre cœur l'Amour qui le possede,*
*Ne voyez plus l'objet qui vous a sceu charmer,*
    *Quand on veut cesser d'aymer*
    *L'absence est le plus seur remede.*

### IARBE.

    *Ah ! quel remede affreux*
    *Cruelle est-il possible,*
*Qu'à mes mortels ennuis vous soyez insensible*
    *Vous m'avez rendu malheureux.*

*Par une injuste preference*
*Souffrez du moins que je reste en ces lieux,*
*Peut-estre que le tems, mes soins & ma constance*
*Vous feront oublier ce Rival odieux.*

### DIDON.

*Non, Prince, il ne faut point que vostre amour se*
  *flate,*
*Je vous plains, mais helas!*
### IARBE.
                *Vous me plaignez, Ingrate,*
    *Et cependant vous me laissez mourir*
        *Quand vous pouvez me secourir.*

    *Faites quelque effort sur vous mesme*
  *Contre un ingrat qui vous manque de foy?*
      *Rien ne vous parle t'il pour moy?*
      *Ma douleur, mon amour extrême*
      *Ne sçauroient-ils vous attendrir,*
      *Ingrate faut-il vous haïr*
      *Pour s'attirer vostre tendresse.*

### DIDON.

    *De mon cœur suis-je la maistresse.*

    *Je n'espere aucun retour*
      *Du perfide qui m'abandonne,*
*Et malgré les conseils que la raison me donne*
*Je ne puis surmonter un malheureux amour.*

F

*Prince, n'augmentez plus mon trouble & voſtre*
  *peine,*
    *Quittez ces lieux n'eſperez pas....*

### IARBE.

*C'en eſt trop inhumaine,*
*Je ne reverray plus vos dangereux appas.*

*Vous m'oſtez toute eſperance*
*D'adoucir voſtre cruauté,*
*Mais craignez la juſte vangeance*
*D'un amour irrité.*

# SCENE SEPTIE'ME.

### DIDON ſeule.

*Tout me trahit, tout m'eſt contraire,*
  *Que vous me ſervez mal, mes yeux,*
*Vous inſpirez une amour trop ſincere*
  *A ceux qui me ſont odieux ;*
*Et vous n'avez plus l'art de plaire*
  *A l'objet que j'ayme le mieux.*
*Tout me trahit, tout m'eſt contraire,*
  *Que vous me ſervez mal, mes yeux.*

## SCENE HUITIE'ME.

### DIDON, BARCE'E.

### BARCE'E.

DE vostre cœur moderez la tristesse,
Esperez tout de vos attraits,
   Enée & la Princesse,
   Sont dans vostre Palais.

### DIDON.

Quoy? ma sœur le rameine,
Amour viens renoüer sa chaîne.

FIN DU TROISIE'ME ACTE.

# ACTE IV.

Le Theatre change & represente un grand Salon orné de plusieurs figures qui marquent les Victoires que l'Amour a remportées.

## SCENE PREMIERE.

### DIDON, ENE'E, ANNE, ACATE.

### DIDON.

Est-ce comme un Amant qu'enfin je vous revois,
Ou comme un ennemy qui vient m'oster la vie,
Ah! quand vous me l'aurez ravie,
Qui pourra vous aymer si tendrement que moy.

## ENE'E.

Belle Princeſſe je vous ayme,
Mais noſtre amour autrefois ſi charmant
Fait mon plus grand tourment,
Je ne puis ſoulager voſtre douleur extrême.
Je ſuis contraint par un ordre des Dieux
De quitter ces aymables lieux.

## DIDON.

O! Ciel, ton excuſe eſt nouvelle,
Les Dieux vangeurs de l'infidelité
Commandent-ils d'eſtre infidelle;
Je ne puis plus dauter de ta legereté,
Acheve ingrat, dis-moy que le perfide Enée,
Ne peut s'aſſujettir aux loix de l'Hymenée.

## ENE'E,

Ne percez point mon cœur des plus funeſtes coups,
Mon ſort me paroiſtroit toûjours digne d'envie,
Si je pouvais vivre pour vous;
Mais le Deſtin veut que de l'Italie,
Je faſſe un Empire puiſſant:
Et c'eſt en vain que l'Amour gemiſſant,
Veut ſerrer le nœud qui nous lie.

## DIDON.

Quand vous eſtiez bien enflamé
Vous n'aviez de plaiſir que celuy d'eſtre aymé.

*Quelle cruelle difference,*
*Qu'est devenuë une si tendre ardeur?*
*Vous me precipitez du faite du bonheur*
*Dans une abisme de souffrance.*

### ENE'E.

*Je ne merite pas vos pleurs.*
*Je sçavois bien que ma presence*
*Ne feroit qu'aigrir vos douleurs.*

### DIDON.

*Je ne respire plus qu'une affreuse vangeance,*
*Crains tout de mon ressentiment.*
*Barbare tu m'as fait une cruelle offence,*
*Et tu voulois partir secretement,*
*Sans songer que Didon, mourante, fugitive,*
*Pourroit de ton Rival devenir la captive.*

*Mais rien ne sçauroit te toucher*
*Non, tu n'es point le fils d'une tendre Deesse,*
*Mais bien plûtost d'une tigresse,*
*Qui t'a nourri sur quelque affreux Rocher.*

### ENEE.

*De moment en moment mon desespoir augmente,*
*Ie me sens agitté d'un tourment sans égal,*
*Quoy? faudra-t'il laisser la beauté qui m'enchante*
*Au pouvoir d'un Rival.*

*Importune raison cesse de me contraindre,*
*Je ne sçaurois quitter de si charmans apas,*
*Laisse brûler un feu que tu ne peux éteindre,*
*Tu promets des secours que tu ne donne pas.*
*Importune raison cesse de me contraindre,*
*Je ne sçaurois quitter de si charmans apas.*

   *C'en est fait aymable Princesse,*
*Je demeure en ces lieux, je cede à la tendresse,*
*Mon cœur ne connoist plus d'autre Divinité,*
   *Que vostre beauté.*

ENE'E, & ANNE.

  *Vous triomphez charmante Reyne,*
  *Tout cede au pouvoir de vos yeux,*
   *Malgré l'ordre des Dieux*
*Vostre Amant réprend sa chaîne.*
  *Vous triomphez charmante Reyne,*
  *Tout cede au pouvoir de vos yeux.*

DIDON, ENE'E, & ANNE.

*Pour nous* }
*Pour vous* } *vanger de cet ordre barbare,*

*Qui s'opposoit à* { *nos* } *desirs,*
           { *vos* }

*Que jamais rien ne* { *nous* } *separe*
             { *vous* }

*Rassemblons* }
*Rassemblez* } *pour toûjours l'Amour & les Plaisirs.*

### DIDON.

*Allons, ma sœur, allons ordonner qu'on apprête,*
*A l'honneur de l'Amour la plus galante fête,*
*Il vient de combler mes vœux*
*Il ma rendu ce que j'ayme,*
*Je dois prendre soin moy-mesme*
*De rendre l'appareil pompeux.*

## SCENE DEUXIE'ME.
### ENE'E ACATE.
### ACATE.

*Vous m'aviez commandé d'aller en diligence*
*Faire preparer vos Vaisseaux,*
*Et dans le moment que j'y pense*
*Vous formez des desseins nouveaux.*

*Vous deviez n'écoûter que les Dieux & la gloire,*
*Que sont-ils devenus tous ces beaux sentimens,*
*L'Amour dans voſtre cœur remporte la victoire,*
*Et vous ne suivez plus que ses doux mouvemens.*

### ENE'E.

*Lorsque Mercure au milieu d'un nuage*
*M'a commandé d'abandonner Carthage,*
*Suivant l'ordre des Dieux & du fatal Deſtin,*
*J'eſtois preſt d'obeïr mais la Reyne trop tendre,*
*Au Temple de Junon se laſſant de m'attendre,*
*A penetré mon deſſein.*

Et

*Et m'a fait menacer d'un d'eséspoir funeste,*
*Tu viens d'estre témoin du reste.*

### ACATE.

*Quoy? vous l'épouserez enfin*
*Malgré la suprême puissance.*

### ENE'E.

*Par cet ordre plein de rigueur*
*Peut-estre que le Ciel veut éprouver mon cœur,*
*Il pourroit s'offenser de mon obeïssance,*
*Nous devons à Didon trop de reconnoissance,*
*Ses bontez ont toûjours prevenu nos souhaits,*
*Pourrions-nous la trahir aprés tant de bienfaits.*

---

# SCENE TROISIE'ME.

ENE'E, DIDON, ANNE, ACATE, BARCE'E.
LES JEUX, LES PLAISIRS. Troupe
de Cartaginois.

### DIDON.

*Venez charmans Plaisirs il faut que tout res-*
*sente,*
*Dans ces aymables lieux le bonheur qui m'enchante,*

### ENE'E & DIDON.

*Pour celebrer cet heureux jour*
*Chantez le pouvoir de l'Amour.*

G

## UN PLAISIR.

*D'un tendre amour on ne peut se deffendre,*
*Les plus grands cœurs sont contraints de se rendre.*

## LE CHOEUR.

*D'un tendre amour on ne peut se deffendre,*
*Les plus grands cœurs sont contraints de se rendre.*

## UN PLAISIR.

*En vain l'on croit pouvoir s'en garentir*
*En s'opposant à sa naissante flâme,*
*Dés qu'il commence à se faire sentir*
*On ne sçauroit le chasser de son ame.*

## LE CHOEUR.

*D'un tendre amour on ne peut se deffendre,*
*Les plus grands cœurs sont contraints de se rendre.*

## UN PLAISIR.

*Si la raison aprés mille combats*
*Dans nostre cœur nous paroist la plus forte,*
*Lorsqu'on revoit un objet plein d'appas*
*Un doux penchant sur le devoir l'emporte.*

## LE CHOEUR.

*D'un tendre amour on ne peut se deffendre,*
*Les plus grands cœurs sont contraints de se rendre.*

## UN PLAISIR.

*L'Amour est fait pour l'aymable jeunesse,*
*Ah! qu'il est doux de sentir sa tendresse.*

### LE CHOEUR.

*L'Amour est fait pour l'aymable jeunesse,*
*Ah! qu'il est doux de sentir sa tendresse.*

### UN PLAISIR.

*Engageons-nous, formons d'aymables nœuds,*
*Dans le bel âge où l'on est fait pour plaire,*
*N'attendons-pas à ce temps malheureux,*
*Où l'on ressent ce qu'on n'inspire guere.*

### LE CHOEUR.

*L'Amour est fait pour l'aymable jeunesse,*
*Ah! qu'il est doux de sentir sa tendresse.*

### UN PLAISIR.

*Pour s'enflamer le mal est-il si grand,*
*Dans ces beaux jours peut-on n'estre pas tendre,*
*L'honneur d'avoir un cœur indifferent*
*Ne vaut jamais tous les soins qu'il faut prendre.*

### LE CHOEUR.

*L'Amour est fait pour l'aymable jeunesse,*
*Ah! qu'il est doux de sentir sa tendresse.*

### LE CHOEUR.

*Regnez, charmant Heros dans un si beau sejour,*
*Faites vous redouter sur la terre & sur l'onde,*
*Donnez des loix à tout le monde,*
*N'en recevez jamais que de l'Amour.*

Les Plaisirs sont interrompus par un grand bruit
de Tonnerre, le Ciel se couvre de nuages épais.

# DIDON,

## DIDON.

*Ah! quel surprenant Orage,*
*Cessez, cessez vos concerts;*
*Quel bruit affreux se répend dans les airs,*
*Quel funeste presage*
*Cessez, cessez vos concerts.*

## CHOEUR DE CARTHAGINOIS.

*Dieux quels éclats de tonnerre!*
*Quel épouventable fracas,*
*Sous nos timides pas*
*Nous sentons trembler la terre.*

## DIDON.

*Le Ciel est en couroux,*
*Sauvons nous, sauvons nous.*

## LE CHOEUR.

*Sauvons nous, sauvons nous.*

Didon se retire avec toute sa Cour, Enée la voulant suivre est arresté par Mercure.

# SCENE QUATRIE'ME.
## MERCURE, ENE'E.

### ENE'E.

*LE plus beau jour se change en une nuit obscure.*

### MERCURE.

*Arreste & reconnois Mercure,*
*De la part du maistre des Dieux*
*Je viens encor te faire entendre,*
*Qu'il faut dans ce moment que tu quitte ces lieux.*
*Ou bien tu dois t'attendre*
*De recevoir le prix de ta temerité :*
*Va sauve-toy durant l'obscurité.*

# SCENE CINQUIE'ME.
## ENE'E seul.

*INfortuné que dois-je faire ;*
*Je ne vois rien qui ne me desespere :*
*Helas ! faut-il quiter un séjour si charmant.*
*Ne sçaurois-je des Dieux appaiser la colere,*
*Qu'en perdant la beauté que j'aime tendrement.*

*Je mourray si je l'abandonne.*
*Le plus cruel trépas me paroist moins affreux.*
*Non je ne puis rompre de si beaux nœuds.*
*Ne partons point, mais le ciel me l'ordonne;*
*Et toy ma gloire tu le veux.*

*Ah! je succombe à ma douleur extrême.*
*Reservez, puissans Dieux*
*Pour les ambitieux,*
*La grandeur suprême,*
*Et me laissez ce que j'aime;*
*Je fais tout mon bonheur*
*De regner dans son cœur.*

Les éclairs redoublent, le Palais paroist tout en feu.

*O! Ciel impitoyable,*
*Vous n'êtes point touché de mon sort déplorable.*
*Quel déluge de feu tombe sur ce palais.*
*Dieux! vous voulez ma mort, vous serez satisfaits.*

# SCENE SIXIE'ME.
## ENE'E, ACATE.
## ACATE.

*JE vous retrouve, enfin ma crainte est vaine.*
*Que ces horribles feux m'ont fait trembler pour*
*vous.*
*Ah! croyez-moy, partez, que rien ne vous retienne.*
*Appaisez des Dieux le courroux.*

# TRAGEDIE.

## ENE'E & ACATE.

Il faut mourir  
Il faut partir } pour satisfaire,  
   A cette loy severe  
Je ne pouray  
Vous ne pourez } souffrir le jour,  
Loin de l'objet de mon  
Si vous n'immolez voſtre } amour.

## ACATE.

Fuyez malgré l'amour, fuyez malgré vous-même ;  
   Ne tardez pas un moment.

## ENE'E.

Fuyons malgré l'amour, fuyons malgré-moy-même.  
   Ne tardons pas un moment :  
Helas ! quand on fuit ce qu'on aime,  
   Que l'on fuit lentement.

## FIN DU QUATRIE'ME ACTE.

# ACTE V.

Le Theatre change & represente les
Jardins du Palais de Didon, & la Mer
dans l'éloignement.

## SCENE PREMIERE.

### DIDON, BARCE'E.

### DIDON.

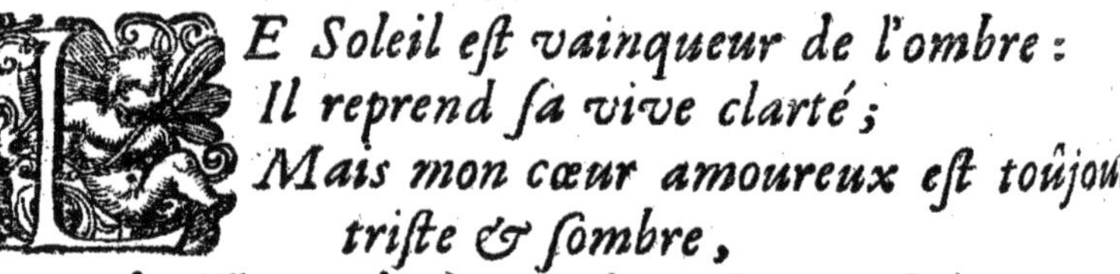

*E Soleil est vainqueur de l'ombre :*
*Il reprend sa vive clarté ;*
*Mais mon cœur amoureux est toûjours*
    *triste & sombre,*
*Loin du Heros charmant dont il est enchanté :*
*Helas ! cruel amour, le funeste ravage*
    *Que tu fais dans les tendres cœurs.*
    *Nos soupirs & nos pleurs*
    *Durent bien davantage,*
    *Que le plus grand orage.*

*Ou mon amant s'est-il pû retirer,*
*Lorsqu'un tonnerre affreux a troublé nostre fête?*
*Ah! si les Dieux vouloient nous separer;*
*Devoient-ils épargner ma tête?*

## BARCE'.

*Vous cherchez ce Prince amoureux;*
*Sans doute, il vous cherche de même,*
*L'orage a fait cesser les Jeux*
*Avec un desordre extrême;*
*Mais rien ne peut plus les troubler:*
*Ils vont se rassembler.*
*Des Nymphes de ces lieux, une troupe s'avance,*
*Pour charmer vostre impatience.*
*Voyez leurs innocens plaisirs,*
*Je vais chercher l'objet de vos desirs.*

# SCENE SECONDE.

DIDON. Troupe de Nymphes.

## UNE NYMPHE.

*L'Orage cesse,*
*Que lon se presse,*
*De profiter d'un temps si beau.*
*Tout brille d'un éclat nouveau.*

H

*Ces lieux ont repris leurs charmes.*
*L'aimable flambeau du jour*
*A fait ceſſer nos allarmes ;*
*Et ce n'eſt plus que l'amour,*
*Qui peut nous couter des larmes.*

UNE NYMPHE.

*Que l'amour a d'apas,*
*Pourquoy s'en défendre ?*
*Qui craint d'être tendre,*
*Ne le connoiſt pas.*

UNE NYMPHE & LE CHOEVR.

*La beauté, l'aimable jeuneſſe,*
*L'éclat pompeux des grandeurs ;*
*Sans l'amour & ſa tendreſſe,*
*Ne contentent pas les cœurs.*

VNE NYMPHE & LE CHOEVR.

*Que d'un cœur tendre & fidele,*
*Le bonheur ſeroit charmant,*
*Si d'une abſence cruelle,*
*Il ignoroit le tourment.*

VNE NYMPHE & LE CHOEVR.

*Eloigné de ce qu'on aime,*
*On eſt flatté par l'eſpoir,*
*Et le plaiſir eſt extrême,*
*Quand on vient à ſe revoir.*

DIDON.

*Mon inquiétude eft mortelle :*
*Je ne fuis point fenfible à vos jeux les plus doux.*
*Allez, Nymphes retirez-vous ;*
*Je vois ma fœur, qu'on me laiffe avec elle.*

## SCENE TROISIE'ME.

### DIDON, ANNE.

#### ANNE.

*VOus ignorez encor la grandeur de vos maux,*
*Enée eft un ingrat, pour jamais il vous quite ;*
*C'eft en vain qu'on voudroit s'oppofer à fa fuite,*
*Il eft monté fur fes vaiffeaux.*

#### DIDON.

*Ah ! quel fanglant outrage,*
*Courons au rivage,*
*Si mes cris, mes triftes fanglots,*
*Ne peuvent arrefter ce cruel, ce volage.*
*Précipitons-nous dans les flots,*
*Courons au rivage.*

#### ANNE.

*Voulez-vous des Troyens attirer les mépris ?*
*Ciel ! quel abaiffement pour une grande Reyne.*

#### DIDON.

*Faut-il qu'une mort inhumaine,*
*De mes bienfaits foit le prix ;*

*Qu'on faſſe des Troyens un horrible carnage,*
*Haſtez-vous de ſervir ma rage:*
*Bien toſt les vents furieux,*
*Vont dérober leurs vaiſſeaux à mes yeux.*

### ANNE.

*Au nom des Dieux que voſtre trouble ceſſe,*
*Prenez ſoin de vos jours.*

### DIDON.

*Pour ramener l'ingrat qui trahit ma tendreſſe*
*Employons de nouveaux ſecours ;*

*Allez tout préparer pour faire un ſacrifice,*
*Ma ſœur, raſſemblez promptement*
*Ce qui peut nous reſter de ce perfide amant,*
*Pour l'offrir à l'enfer & le rendre propice ;*
*Allez, allez, ne tardez pas.*
*Je vais ſuivre vos pas.*

# SCENE QUATRIE'ME.

## DIDON ſeule.

*Tu me fuis inconſtant, dis-moy quelle eſt ta*
*rage ?*
*L'affreux hyver ne ſçauroit t'arreſter ;*
*Et pour toy mon amour eſt plus à redouter*
*Qu'un funeſte naufrage.*

Tous ces flots en courroux me font trembler d'effroy :
   Ils te puniront de ton crime,
De ton ambition tu seras la victime,
   Tandis que je mourray pour toy.

   Ingrat, prens pitié de toy-même ;
Différe ton départ, du moins pour quelques jours :
Ne te souvient-il plus de nos tendres amours ?
Non, tu n'est point sensible à ma douleur extrême,
   Traistre, tu prens plaisir à voir
   Mon cruel désespoir.
   La plus implacable furie
   Arracha de ton cœur
   Ce qu'il avoit pour moy d'ardeur,
Et t'inspira toute sa barbarie.

Mais le ciel est touché de mes gemissemens ;
On entend dans les airs d'horribles sifflemens.
   La foudre, la tempête,
   Eclatent sur ta tête.
Tu vas perir, ah ! quel abisme affreux ;
Tu ne peux éviter tant d'écüeils dangereux.

   Dieux ! c'est trop tost punir sa perfidie :
   Attens, cruelle mort,
   A terminer son sort,
Qu'il ait appris que j'ay perdu la vie.
   Dans un desespoir si pressant,
   L'ingrat ne doit plus guere attendre ;

### DIDON,

*Du même fer dont il m'a fait prefent,*
*Je puniray mon cœur d'avoir efté trop tendre.*

*Mais le fecours de ma fureur,*
*N'eft pas un fecours neceffaire.*
*Je pers un inconftant, qui feul pouvoit me plaire;*
*C'eft trop de ma vive douleur,*
*Pour me priver de la lumiere.*

*Elle tombe évanouïe.*

## SCENE CINQUIE'ME.

**DIDON évanoüie. L'Ombre de SICHE'E.**

#### L'Ombre de SICHE'E.

*A Prés avoir trahi tes fermens & ta foy,*
*Peux tu fouffrir le jour malheureufe Princeffe?*
*Un infidele comme toy*
*Me vange de ta foibleffe,*
*V'iens cacher pour jamais dans l'horreur du tombeau,*
*La honte d'un hymen que tu croyois fi beau.*

*Didon revient de fon évanouïffement.*

#### DIDON.

*Que vois-je! quel phantôme à mes yeux fe prefente?*
*Ah! je fremis d'horreur, & d'épouvante.*

**L'Ombre difparoift.**

# SCENE SIXIE'ME

## ET DERNIERE.
## DIDON feule.

UN genereux trépas dans ce fatal moment,
    Peut m'affranchir d'une peine cruelle ;
Malheureufe Didon, pour finir ton tourment,
Meurs, l'ombre de Sichée eft icy qui t'appelle.
Les enfers n'ont-ils pas prédit ton trifte fort ;
Tu les entens, enfin, cette paifible vie
      Qui n'eft point fujette à l'envie,
      Eft le repos qui fuit la mort.

    Terminons des jours déplorables ;
Mourons, puifqu'on me laiffe en proye à ma fureur,
  Ne perdons pas ces momens favorables,
      L'ingrat qui trahit mon ardeur
      Vient d'échaper à ma rage.
      Déchirons ce funefte gage,
      D'un amant parjure & trompeur ;
      Perçons du moins fon image,
      Puifqu'elle eft encor dans mon cœur.

Didon déchire la robe qu'Enée luy avoit donnée,
& fe frape d'un poignard qu'elle portoit toûjours,
parce qu'il venoit de luy.

    Traître, reconnois ton ouvrage ;

*Vois ce coup inhumain :*
*Il part de ta cruelle main,*
*Pour contenter ta barbarie,*
*Ce n'eſtoit pas aſſez de mes vives douleurs,*
*Il falloit m'arracher la vie ;*
*Soule-toy de mon ſang, ah ! c'en eſt fait je meurs.*

Fin du cinquiéme & dernier Acte.

www.ingramcontent.com/pod-product-compliance
Ingram Content Group UK Ltd.
Pitfield, Milton Keynes, MK11 3LW, UK
UKHW020017080726
13614UKWH00003B/1424